はじめに

この本を手にとってくれて、ありがとう！

料理は楽しくてワクワクするものです。この本では、お家にあるみぢかな材料を使って、みなさんが一人でも作れるレシピをたくさん紹介しています！

自分で作ったごはんは、だれかに作ってもらったごはんとちがって特別なものです。はじめは難しいこともあるかもしれないけれど、少しずつやってみるとどんどん上手になるよ！自信をもって作れるようになったら、お家の人やお友だちにもふるまってみよう！

今井 亮

もくじ

- 2 はじめに
- 4 料理の基本
- 6 道具の使い方
- 8 パンの種類

PART 1 パン・サンドイッチ

- 10 ツナマヨトースト
- 11 納豆チーズトースト
- 12 しらすマヨトースト
- 13 きのこみそマヨトースト
- 14 ピザトースト
- 16 ロールジャムチーズサンド
- 18 ハムレタスサンド
- 19 たまごサラダサンド
- 20 ミニロールサンド
- 22 ミニトマトコンソメスープ

PART 2 おやつ・デザート

- 24 フレンチトースト
- 26 にんじんマフィン
- 28 ミニどら焼き
- 30 バナナチョコパンケーキ
- 31 いちごホイップパンケーキ
- 32 マグカップレンチンプリン
- 33 ミルクプリンジャムのせ
- 34 ヨーグルトバーク
- 35 みかん缶クラッシュゼリー
- 36 レンチンチョコケーキ
- 37 ビスケットサンドアイス
- 38 オニオンカレーコンソメスープ
- 39 お片づけのコツ

料理の基本

料理をするときの約束ごと

料理をするときは、必ず手を洗うようにしましょう。また、料理をするには、いくつか道具が必要です。まずは、必要な道具がどこにあるのか確認しましょう。包丁や火を使うので、散らかっていては危険です。整理された状態でキッチンを使い、終わったら道具をちゃんと洗って片づけるようにしましょう。

材料のはかり方

材料をはかるときには、おもに3つの道具を使います。

大さじ・小さじ

計量できるスプーンです。大さじ1杯は15mL、小さじ1杯は5mLです。

計量カップ

さまざまな大きさがありますが、200mLまではかれるものが使いやすいです。

スケール（はかり）

gやmLなど、設定に合わせてさまざまなものを計量できます。

大さじで液体をはかるとき

しょうゆやみりんなどをはかります。

大さじ1のとき。表面が盛り上がり、こぼれない程度にそそぎます。

大さじ1/2のとき。いっぱいになるより少し低くそそぎます。

小さじで塩や砂糖をはかるとき

1杯分、1/2杯分などさまざまな分量をはかることができます。

 →  →

はじめに、小さじ山盛りに塩や砂糖をすくいます。

大さじの柄を小さじのふちにそわせて、山になった部分を落とします。

ふちにぴったりになったら、成功！これが「小さじ1」です。

小さじ1/2のとき

大さじの柄でまんなかに線をひき、半分を落とします。

小さじ1/4のとき

大さじの柄で十字を描き、半分落としてから、もう半分落とします。

ひとつまみとは？

ひとつまみとは、親指、人差し指、中指の3本でつまんだ量のことです。

少々とは？

少々とは、親指と人差し指の2本でつまんだ量のことです。

計量カップではかるとき

計量カップではかるときは、カップを水平になる位置に置き、横からめもりを見てはかります。

スケールではかるとき

スケールではかるときは、スケールを水平になる位置に置きます。

 →

お皿やラップなどをのせて、めもりを0に合わせます。

お皿にはかりたい食材を入れてはかります。

道具の使い方

料理には、さまざまな道具が必要です。使い方のコツや注意するところを説明します。

包丁の使い方

※火や包丁を使うときは、大人の人に聞いてからにしましょう。

 →  →

包丁とまな板は、自分の体に近い場所に水平に置きます。

まな板がすべる場合は、ぬれたふきんなどをしいて使いましょう。

包丁は指5本でしっかり握ります。

 →  →

左手は爪を立てるようにして食材をおさえ、第二関節と包丁がまっすぐになるように切ります。

包丁はギコギコと押したり引いたりせず、奥に向かって押すように切ります。

使わないときは、包丁の刃を自分とは反対側に向けて置きます。

野菜と肉を切るときは野菜から切り、肉や魚はあとで切ります。

キッチンバサミの使い方

キッチンバサミは、紙を切るハサミとは違い、食材を切るためのハサミです。

細いねぎやニラなどを切るときは、キッチンバサミで切ると便利です。

鍋・フライパンの使い方とサイズ

鍋やフライパンを火にかけるときは、ぶつかって倒してしまわないよう、柄を左右どちらかによけておくと安全です。

鍋やフライパンには、さまざまなサイズがあります。この本では、フライパンは直径24cmのものを使っています。鍋は直径18cmのものがあるとよいでしょう。

火の強さについて

弱火

鍋の底に火が当たるか当たらないか程度。煮込んだり、焦げやすいものを焼いたりするときの火加減です。

中火
鍋の底に火がしっかり当たる程度。目玉焼きやパンケーキを焼くなど、いちばん使いやすい火加減です。

強火
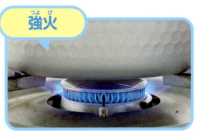
鍋の直径に火がしっかり当たる程度。いため物など、水分を飛ばしたいときに使うことが多い火加減です。

電子レンジの使い方

電子レンジは600Wのものを使用しています。W数が異なる場合は、時間を調節して使いましょう。陶器やレンジ用のコンテナ容器、耐熱性のガラスボウルを使います。

電子レンジから取り出したものはとても熱いので気をつけましょう。袋やラップで包んだものを開けるときは、蒸気でやけどしないよう、奥から手前に向かって開けます。

電子レンジで使用✗

アルミホイル、耐熱性ではない器・ガラス、紙製・木製のものなど、電子レンジでは使えないものもあるので、注意しましょう。

トースターの使い方

トースターは1000Wのものを使用しています。W数が異なる場合は、時間を調節して使いましょう。

トースターは機械本体も熱くなることが多く、中に入れた網やトレイも熱くなるので、取り出すときにはやけどに十分注意しましょう。

燃えちゃうよ

ラップ、耐熱性ではない器、紙製のものなど、トースターでは使えないものもあるので、注意しましょう。

パンの種類

「パン」とひとくちに言っても、世界中でうまれた、たくさんのパンがあります。
いろいろな食べ方ができるので、試してみてください。

食パン4枚切り

分厚く切った食パン。厚みがあるので、トーストにすると中がしっとりふわふわに。フレンチトーストにもおすすめです。

食パン6枚切り

ボリュームがあるので、トーストやピザパンなど、上になにかのせて焼くレシピに向いています。

食パン8枚切り

かなり薄めなので、2枚使って作るホットサンドやサンドイッチにおすすめです。

サンドイッチ用

耳を切り落としたサンドイッチ用の食パン。やわらかくて食べやすいです。

フランスパン

かたくて、かむほどにおいしくなる。何日か置いておくとかたくなりすぎるので、フレンチトーストにするのがおすすめです。

ロールパン

まんなかに切り込みを入れて、ジャムやコロッケなどを挟んで食べられます。

クロワッサン

バターを織り込んだ生地を巻いて焼いたもの。サクサクした層になっています。

ベーグル

少ない材料で作られ、もちもちした食感。半分に切ってチーズやハムを挟んでもOK。

イングリッシュマフィン

コーングリッツ※がまぶしてある平たいパン。たまご焼きやベーコンを挟んだりすることもできます。

※とうもろこしの粒を乾燥して砕いたもの。

PART 1 パン・サンドイッチ

パンとサンドイッチの章では、手軽な食パンやロールパンを使った料理を紹介します！
食材をのせてトースターで焼くだけの簡単なレシピが多いので、ぜひ挑戦してみてね！

おいしいトーストの作り方

1 トースターを3分前後あらかじめあたためておく（余熱する）。

2 バットやお皿に水を入れ、食パンの両面を水でさっとぬらしておく。

3 食パンの厚み半分程度まで、包丁で縦に2〜3本、横に2〜3本の切り込みを入れていく。

4 バターをのせて2〜3分トースターで焼く。

パン・サンドイッチ
レベル ★☆☆

トースターですぐできる

ツナマヨトースト

 8分
 火 なし
包丁 なし
トースター

朝ごはんにもおやつにもぴったり。隠し味のおしょうゆが香ばしい！

用意するもの

道具
- 大さじ
- 小さじ
- ボウル
- スプーン

材料（1人分）
- ツナ缶 ………… 1缶（70g）
- マヨネーズ ………… 大さじ2
- しょうゆ ………… 小さじ1/2
- 食パン（6枚切り）… 1枚

作り方

❶ ボウルに、油をきったツナ（油のきり方→「ごはん」の巻9ページ）、マヨネーズ、しょうゆを入れてスプーンなどで混ぜる。

❷ 食パンに❶のツナマヨをのせて広げ、パンがカリッとするまでトースターで焼く。

パン・サンドイッチ

レベル ★☆☆

意外な組み合わせでおいしい1枚

納豆チーズトースト

 5分 火なし

包丁なし トースター

納豆とチーズは発酵食品仲間で実は相性がいい！

用意するもの

道具
- 大さじ
- スプーン

材料（1人分）
- 納豆 ………… 1パック
- 食パン（6枚切り）… 1枚
- ピザ用チーズ …… 大さじ2

作り方

❶ 納豆は付属のたれを加えてスプーンで混ぜる。

❷ 食パンに❶の納豆を広げてのせる。その上からチーズのせて広げる。

❸ パンがカリッとするまでトースターで焼く。

⑪

パン・サンドイッチ

レベル ★☆☆

小魚でカルシウムたっぷり

しらすマヨトースト

 8分
 火 なし
包丁 なし
 トースター

のりの香ばしさに、マヨネーズのコクをプラス！

用意するもの

道具
- 大さじ
- スプーン
- 器

材料（1人分）
- しらす干し……大さじ3
- マヨネーズ……大さじ1
- 食パン（6枚切り）……1枚
- 焼きのり……適量

作り方

1. 器にしらす干しとマヨネーズを混ぜ「しらすマヨ」を作る。
2. 食パンに焼きのりをのせて、❶のしらすマヨをのせ、パンがカリッとするまでトースターで焼く。

パン・サンドイッチ

レベル ★☆☆

みそとマヨの香ばしいハーモニー

きのこみそマヨトースト

 8分 火なし

包丁なし トースター

しめじもトーストに!?
食感がおいしいので
ぜひ試してみて

用意するもの

道具
- 大さじ
- 小さじ
- スプーン
- 器

材料（1人分）
- マヨネーズ ……… 大さじ1
- みそ ……… 小さじ1
- 砂糖 ……… 小さじ1/2
- カットしめじ ……… 1/2パック（50g）
- 食パン（6枚切り） ……… 1枚

作り方

❶ 器にマヨネーズ、みそ、砂糖を合わせて混ぜ、しめじを加えてあえ、「きのこみそマヨ」を作る。

❷ 食パンに❶のきのこみそマヨをのせて広げ、パンがカリッとするまでトースターで焼く。

パン・サンドイッチ

レベル ★☆☆

あつあつのピザが食べたい！

ピザトースト

15分

火 なし

包丁

トースター

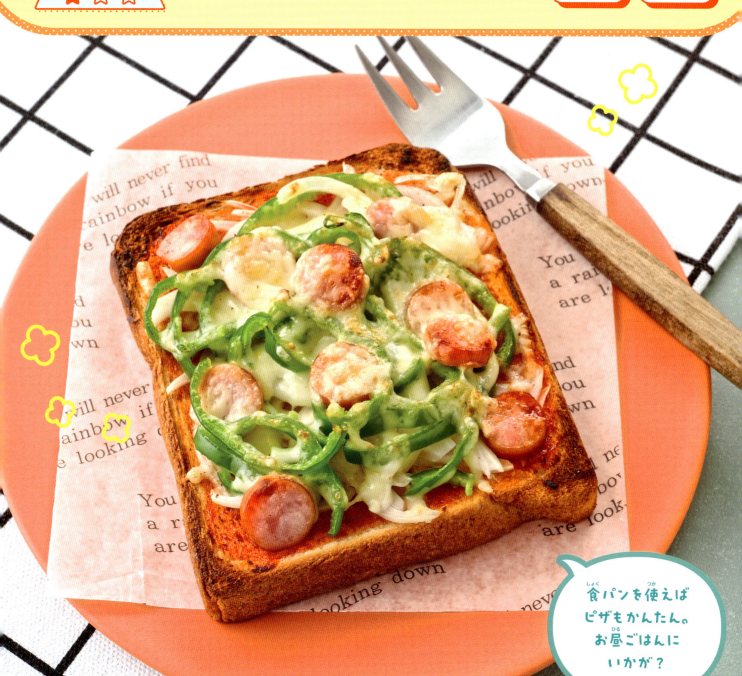

食パンを使えばピザもかんたん。お昼ごはんにいかが？

用意するもの

道具
- 大さじ
- スプーン
- 包丁
- まな板

材料（1人分）
- ソーセージ ……… 1本
- 玉ねぎ ……… 1/8個
- ピーマン ……… 1個
- 食パン（6枚切り）… 1枚
- ケチャップ ……… 大さじ1
- ピザ用チーズ ……… 大さじ2

PART 1 パン・サンドイッチ

作り方

1

ソーセージは5mm幅に切る。

2

玉ねぎは繊維に沿って薄切りにする（切り方➡「ごはん」の巻27ページ）。

3

ピーマンは縦半分に切り、ヘタとタネを取って薄切りにする（切り方➡「めん」の巻9ページ）。

4

食パンにケチャップを塗る。

5

❶のソーセージ、❷の玉ねぎ、❸のピーマンをのせる。

6

チーズをのせて、チーズがとけるまでトースターで焼く。

パン・サンドイッチ

レベル ★★☆

いろんなジャムで作ってね

ロールジャムチーズサンド

15分 | 火なし
包丁 | トースターなし

くるくる巻いてお弁当にしたらかわいいでしょ？

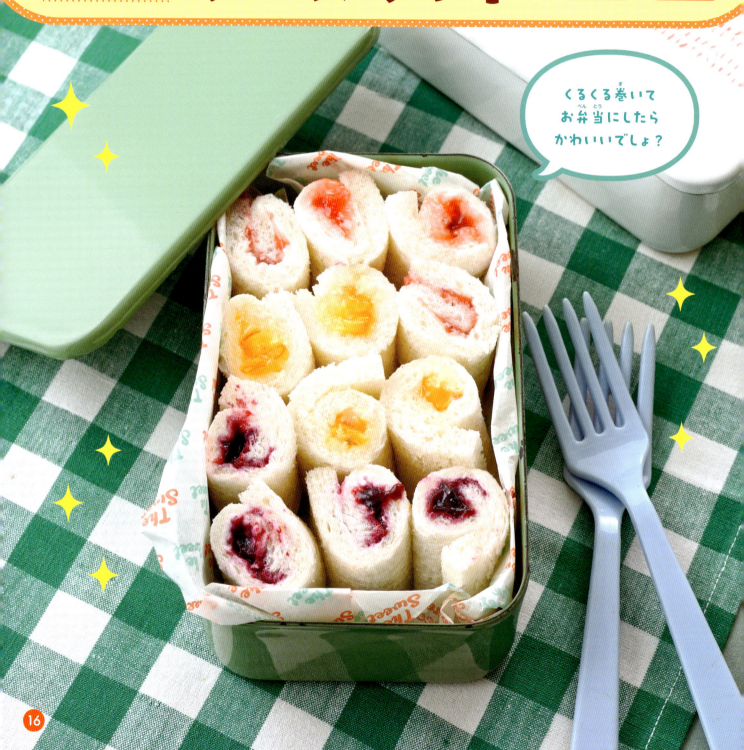

用意するもの

道具
- スプーン（2本）
- まな板
- ラップ
- 包丁

材料（1人分）
- クリームチーズ ……… 適量
- 食パン（サンドイッチ用） ……… 6枚
- ジャム（いちご、マーマレード、ブルーベリーなど） ……… 適量

作り方

1

クリームチーズは室温においてやわらかくする。

2

食パンにクリームチーズを塗る。

3

お好みのジャムを手前半分に塗る。

4

手前から巻いていく。

5

ラップで包んで、10分ほどおく。食べやすいサイズに切る。

耳を切れば ふつうの食パン（8枚切り）でも 作れますよ！

PART 1 パン・サンドイッチ

パン・サンドイッチ
レベル ★☆☆

レタスたっぷりでボリュームサンド

ハムレタスサンド

 10分 火なし
 包丁 トースター

パンを焼いてサンドイッチにすると香ばしい！

用意するもの

道具
- 大さじ
- スプーン
- 包丁
- まな板

材料（1人分）
- レタス ……… 2～3枚
- 食パン（6枚切り）… 2枚
- マヨネーズ ……… 大さじ1
- ハム ……… 2枚

作り方

1. レタスは大きめにちぎる。
2. 食パンは、カリッとするまでトースターで焼く。
3. 食パンそれぞれにマヨネーズを塗り、ハム、レタス、ハムの順に挟んで半分に切る。

パン・サンドイッチ

レベル ★☆☆

ロールパンに挟んでも

たまごサラダサンド

 15分
 火 なし
 包丁

 トースター なし

サンドイッチといえば、みんな大好きなたまごサラダが定番！

用意するもの

道具
- 大さじ
- フォーク
- 包丁
- まな板

材料（1人分）
- ゆでたまご …… 1個
- マヨネーズ …… 大さじ1
- 塩、こしょう …… 各少々
- 食パン（6枚切り） 2枚
- バター …… 適量

作り方

① ゆでたまごはフォークでつぶして、マヨネーズ、塩、こしょうを混ぜる。

② 食パンにバターを塗る。①のたまごサラダを挟んで十字に切る。

19

パン・サンドイッチ

レベル ★☆☆

好きなものを挟んで作ろう

ミニロールサンド

 15分

火 なし

包丁

トースター なし

> ロールパンに何を挟んだらおいしいか、オリジナルも考えてみよう

用意するもの

道具
- 包丁
- まな板
- 菜箸

材料（1人分）
- ロールパン ……… 2個
- コロッケ（市販）または唐揚げ … 1個
- 千切りキャベツ（市販） …… 適量
- 中濃ソース ……… 適量

PART 1 パン・サンドイッチ

作り方

1 ロールパンは縦に切り込みを入れる。

2 コロッケは半分に切る。

3 ロールパンにキャベツを挟む。

4 コロッケ（唐揚げ）を挟む。

唐揚げサンドの場合

5 コロッケにソースをかける。

ソーセージを挟んでもおいしいよ！

21

お湯を注ぐだけでできる

ミニトマト コンソメスープ

お湯でやわらかくなった ミニトマトが ほっとするね！

用意するもの

道具
- 大さじ
- 小さじ
- 包丁
- まな板
- 耐熱カップまたは器
- 菜箸

材料（1人分）
- ソーセージ ………… 1本
- ミニトマト ………… 3個
- ケチャップ ………… 大さじ1
- 顆粒コンソメ ……… 小さじ1
- 塩 …………………… 少々

作り方

1. ソーセージは1cm幅に切る。ミニトマトはヘタをとって半分に切る。
2. 器に材料をすべて入れ、熱湯をそそぐ。
3. 菜箸でよく混ぜる。

PART 2 おやつ・デザート

朝食にもなるフレンチトーストのほか、マフィンやどら焼き、パンケーキなどおやつにピッタリのレシピを紹介します。フルーツやアイスを使ったデザートのレシピもあるから、試してみてね。

生クリームの泡立て方

❶ 大きめのボウルに氷と水を入れる。

❷ 冷蔵庫でよく冷やした生クリームと砂糖を別のボウルに入れ、氷水で底を冷やしながらよく混ぜる（ホイップする）。

❸ ボウルを傾けて、空気を抱き込むように混ぜる。

ふんわり　ツノが立つ

❹ 生クリームがふんわりしたら、シュークリームやケーキに使える。ツノが立つとケーキに使える。

おやつ・デザート

レベル ★★★☆

ふわふわやわらかな仕上がり

フレンチトースト

 30分
 火 なし
包丁 なし
 電子レンジ

レンチンすると
パンに卵液が
素早くしみ込む！

用意するもの

道具
- 大さじ
- ボウル
- 泡立て器
- 耐熱皿
- フライパン
- 菜箸

材料（1人分）
- たまご …… 1個
- 牛乳 …… 100mL
- 砂糖 …… 大さじ1
- 食パン（6枚切り） …… 1枚
- バター …… 10g
- メープルシロップ …… 適量

PART 2 おやつ・デザート

作り方

1 ボウルにたまごを入れてよく溶く。

2 牛乳、砂糖を加えて泡立て器で混ぜる。

3 食パンを❷の卵液に入れ、数回上下を返してなじませる。

4 耐熱皿に食パンを置き、電子レンジで1分加熱する。上下を返してさらに30秒加熱する。

5 フライパンにバターをひいて弱火で熱する。

6 ❹のパンを入れ、両面を2〜3分ずつ焼く。

7 両面にいい焼き色がついたら器に盛り、メープルシロップをかける。

電子レンジで加熱することで、卵液がしっかりなじむよ！

おやつ・デザート
レベル ★★★

友(とも)だちにもプレゼントしたい！
にんじんマフィン

40分(ぷん)

火(ひ)なし

包丁(ほうちょう)なし

オーブン

にんじんのオレンジ色(いろ)がきれいでおいしそう

用意するもの

道具
- 大さじ
- ピーラー
- すりおろし器
- ボウル
- 泡立て器
- マフィン型（6個）
- グラシンカップ（6枚）

材料（6個分）
- にんじん（小）……1本（100g）
- A
  - たまご……1個
  - 牛乳……大さじ2
- 砂糖……大さじ3
- サラダ油……大さじ3
- ホットケーキミックス……150g

作り方

1 オーブンを180度に予熱する。にんじんはピーラーで皮をむいて、すりおろし器ですりおろす。

2 ボウルにAを入れて、泡立て器でよく混ぜる。

3 ❶のにんじんを加えて混ぜる。

4 ホットケーキミックスを加えて、粉っぽさがなくなるまで混ぜる。

5 型にグラシンカップを入れて、生地を流し入れる。型を持ち上げ、5cmの高さから2回落として空気を抜く。予熱したオーブンで15〜20分ほど焼く。

空気が残っていると生地に穴があくので空気を抜くよ。焼きかげんは竹ぐしをさして確認してね

きれいに焼けるとうれしいね

ミニどら焼き

40分

包丁 なし

火

電子レンジ なし

はちみつが入った生地はしっとり甘くてつやつや

用意するもの

道具
- 大さじ
- フライパン
- フライ返し
- ボウル
- ふた
- スプーン
- 泡立て器
- ぬれぶきん

材料（3個分）
- たまご……1個
- ホットケーキミックス……100g
- 牛乳……大さじ3
- サラダ油……適量
- はちみつ……大さじ1
- あんこ（市販）……適量

作り方

1 ボウルにたまご、牛乳、はちみつを入れて、泡立て器でよく混ぜる。

2 ホットケーキミックスを加える。

3 粉っぽさがなくなるまで泡立て器で混ぜる。

4 フライパンにサラダ油を入れて中火で熱し、一度ぬれぶきんの上にフライパンを置いて底を冷やす。

5 弱めの中火にかけて❸の生地を大さじ1杯（1枚分）ずつ入れ、3枚分流し入れる。

6 ふたをして2分焼き、上下を返してさらにふたをして1分焼く。同じように残りの生地も焼く。

7 あら熱をとり、2枚の焼いた皮であんこを挟む。

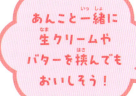

あんこと一緒に生クリームやバターを挟んでもおいしそう！

PART 2 おやつ・デザート

おやつ・デザート

レベル ★★☆

甘くておいしいデザートパンケーキ

バナナチョコパンケーキ

 35分
 火
 包丁
 電子レンジなし

パンケーキの焼き方をマスターしたら、いろんなデザートが作れるね！

用意するもの

道具
- 大さじ
- ボウル
- 包丁
- まな板
- 泡立て器
- フライパン
- ふた
- ぬれぶきん
- フライ返し

材料（3枚分）
- たまご ……… 1個
- 牛乳 ……… 120mL
- ヨーグルト ……… 大さじ4
- ホットケーキミックス ……… 150g
- サラダ油 ……… 適量
- バナナ ……… 1本
- チョコレートシロップ ……… 適量

作り方

① ボウルにたまご、牛乳、ヨーグルトを入れ、泡立て器でよく混ぜる。
② ホットケーキミックスを加え、粉っぽさがなくなるまで混ぜる。
③ フライパンにサラダ油を入れて中火で熱し、一度ぬれぶきんの上にフライパンを置いて底を冷やす。
④ 弱めの中火にかけて、フライパンに②の生地の1/3を流し入れる。
⑤ ふたをして2分焼き、上下を返してさらに1分焼く。同じようにあと2枚焼く。
⑥ バナナは皮をむいて1cm幅の輪切りにする。パンケーキの上にのせ、チョコレートシロップをかける。

おやつ・デザート

レベル ★★★

お祝いに食べたいデザート

いちごホイップパンケーキ

 35分
 火
 包丁
 電子レンジなし

ホイップクリームを絞り袋に入れて絞ったら、ケーキみたいになるよ！

用意するもの

道具
- 大さじ
- ボウル×2
- 包丁
- まな板
- 泡立て器
- フライパン
- ぬれぶきん
- ふた
- フライ返し

材料（1人分）
- たまご……1個
- 牛乳……120mL
- ヨーグルト……大さじ4
- ホットケーキミックス……150g
- サラダ油……適量
- 生クリーム……100mL
- 砂糖……大さじ1/2
- いちご……5〜6個

作り方

1. ボウルにたまご、牛乳、ヨーグルトを入れ、泡立て器でよく混ぜる。
2. ホットケーキミックスを加え、粉っぽさがなくなるまで混ぜる。
3. フライパンにサラダ油を入れて中火で熱し、一度ぬれぶきんの上にフライパンを置いて底を冷やす。
4. 弱火にかけて、フライパンに❷の生地の1/3を流し入れる。
5. ふたをして2分焼き、上下を返してさらに1分焼く。同じようにあと2枚焼く。
6. ボウルに生クリームと砂糖を入れて泡立て器で泡立てる（泡立て方➡23ページ）。
7. いちごはヘタをとって半分に切る。パンケーキを器に盛り、生クリームといちごをのせる。

おやつ・デザート

レベル ★★★

ぷるぷるでやさしい甘さ
マグカップレンチンプリン

 30分 　 火 なし

包丁 なし 　 電子レンジ

お皿を重ねて押さえたまま、上下を返して軽くふると、じょうずに盛りつけられる

用意するもの

道具
- 大さじ
- 小さじ
- 耐熱性のマグカップ
- 耐熱容器
- ボウル
- 泡立て器
- こし器
- アルミホイル
- ふきん

材料（1人分）
- 砂糖 ……… 大さじ3
- 水 ………… 小さじ1
- 牛乳 ……… 120mL
- たまご …… 1個
- バニラエッセンス（あれば）
  ………… 2〜3滴

作り方

① 耐熱性のマグカップに砂糖大さじ1と水を入れる。

② ラップをしないで、電子レンジで1分30秒〜2分加熱する。濃い茶色になったら取り出して、完全に冷ます。

③ 耐熱容器に牛乳を入れて、ラップをしないで電子レンジで30秒加熱する。

④ ボウルにたまごを入れてよく溶き、残りの砂糖大さじ2を加えて混ぜ、③の牛乳（あればバニラエッセンスも）を加えてさらに混ぜる。

⑤ ①のカップにこし器でこしながら④を流し入れる。ラップをしないで、電子レンジで表面が固まるまで1分30秒〜2分加熱する（固まらなかったら、固まるまで10秒ずつ加熱する）。

⑥ 固まったら、アルミホイルで二重にふたをしてふきんで包み、そのまま15分おく。ふきんをはずして冷蔵庫でよく冷やす。

おやつ・デザート

レベル ★★★

いろんな味が作れて楽しい

ミルクプリンジャムのせ

30分 | 火
包丁なし | 電子レンジなし

つるんとした食感のよさと牛乳のやさしい甘さがお気に入り

用意するもの

道具
- 大さじ
- ボウル×2
- 鍋
- 泡立て器
- 器
- スプーン

材料（1人分）
- 水 ……… 大さじ1
- 粉ゼラチン ……… 2.5g
- 牛乳 ……… 200mL
- 砂糖 ……… 大さじ1と1/2
- お好みのジャム ……… 適量

作り方

1. ボウルに水を入れ、粉ゼラチンを振り入れて、5分ほどなじませる。
2. 鍋に牛乳、砂糖を入れて中火にかけて泡立て器で混ぜる。ふちがフツフツしてきたら火を止めて、❶を加えて混ぜ、完全に溶かす。
3. ボウルに氷水を入れ、❷の鍋を当てながら混ぜる。とろみがついてきたら器に移して、冷蔵庫で2～3時間冷やし固める。お好みのジャムをのせる。

おやつ・デザート

レベル ★★☆

ヨーグルトを凍らせてアイスに

ヨーグルトバーク

10分 / 火なし / 包丁なし / 電子レンジなし

酸味があってさわやかヘルシーな味。割って食べるのも楽しい

用意するもの

道具
- 大さじ
- キッチンペーパー
- 泡立て器
- ラップ
- ざる
- ボウル×2
- バット

材料（2人前）
- ヨーグルト（無糖・水切り前）……400g
- はちみつ……大さじ2
- フルーツ缶……1缶

作り方

❶ ざるにキッチンペーパーをしき、ヨーグルトを入れる。下にボウルを重ね、冷蔵庫で一晩おく。

❷ ボウルに❶とはちみつを入れて泡立て器で混ぜる。フルーツ缶のシロップをきり、フルーツだけ加えて混ぜる。

❸ バットにラップをしき、❷を流し入れて広げる。冷凍庫で3～4時間冷やし固め、好きな大きさに割る。

おやつ・デザート

レベル ★★☆

みかん丸ごとのビタミンCがとれる

みかん缶クラッシュゼリー

 25分
 火 なし
包丁 なし
 電子レンジ

甘酸っぱいデザートで頭もシャキッとする！

用意するもの

道具
- 大さじ
- 小さじ
- ボウル
- 耐熱ボウル
- ラップ
- 泡立て器
- フォーク

材料（2人前）
- 水 ……… 大さじ2
- 粉ゼラチン 5g
- みかん缶 … 1缶(425g)
- 砂糖 ……… 大さじ2
- レモン汁 … 小さじ2

作り方

1. ボウルに水を入れ、粉ゼラチンを振り入れて5分ほどおく。
2. みかん缶はシロップと果肉に分ける。耐熱ボウルに❶のシロップを入れてラップをし、電子レンジで1分30秒加熱する。
3. ❷に❶のゼラチンを加えて泡立て器で混ぜながらゼラチンを溶かし、砂糖、レモン汁、果肉を加えて混ぜる。
4. ボウルごと冷蔵庫で3～4時間冷やし、フォークでくずして盛りつける。

おやつ・デザート
レベル ★☆☆

アイスを使えばすぐできる！
レンチンチョコケーキ

 15分　火なし

包丁なし　電子レンジ

温かいまま食べても、冷蔵庫で冷やして食べても

用意するもの

道具
- 耐熱ボウル
- 泡立て器
- 耐熱性の器（2個）

材料（2個分）
- 板チョコレート…2枚
- たまご…1個
- バニラアイス…1/2個（70g）

作り方

❶ 耐熱ボウルにチョコレートを小さめに割って入れ、バニラアイスを加えて電子レンジで1分加熱する。

❷ ❶を泡立て器でよく混ぜてたまごを加え、さらに混ぜる。

❸ 耐熱性の器に❷を入れて生地を平らにし、1個ずつ電子レンジで1分30秒加熱する。

おやつ・デザート

レベル ★☆☆

好きなアイスで作れる

ビスケットサンドアイス

25分 / 火 なし / 包丁 なし / 電子レンジ なし

作って冷凍しておけば、いつでも好きなときに食べられるね！

用意するもの

道具
- スプーン
- ラップ

材料（2個分）
- ビスケット（市販）……4枚
- バニラアイス……適量

作り方

1. バニラアイスは室温に出してやわらかくする。
2. すくいやすくなったら、アイスをスプーンですくい、ビスケットで挟む。
3. ラップで包み、冷凍庫で1時間ほど冷やす。

アイスで簡単シェイク

保存袋に好きな味のカップアイス1個と牛乳50mLを入れてもむと、シェイクになるよ！

玉ねぎの食感も楽しめる
オニオンカレーコンソメスープ

カレー味のスープでおなかも満足する！

用意するもの

道具
- 小さじ
- 包丁
- まな板
- 耐熱カップ
- 菜箸

材料（1人分）
- 玉ねぎ ……… 1/4個
- 顆粒コンソメ 小さじ1/2
- 塩、こしょう 各少々
- カレー粉 ……… 少々
- 熱湯 ……… カップに入る量

作り方

1. 玉ねぎは薄切りにして（切り方➡「ごはん」の巻27ページ）、さっと洗って水気をしぼる。
2. 耐熱カップに材料をすべて入れ、熱湯をそそぐ。
3. 菜箸でよく混ぜる

お片づけのコツ

じょうずに作れたら、片づけまでしっかりするのが料理です！ 使った道具や器は洗ってしまい、テーブルなども拭いて、料理する前と同じようにきれいな状態に戻します。

1 洗いものは、シンクにまとめておきます。水を入れたり、水に浸したりしておくと、汚れが落ちやすくなります。

2 スポンジに洗剤をつけて、汚れの少ないコップから洗います。

3 油やソースなどで汚れた皿は、最後に洗います。

4 すべてのコップや皿を洗剤で洗い終えたら、お湯で流します。水よりもお湯を使ったほうが、汚れや油がよく落ちます。

使わなくなった布を再利用！

いらなくなったTシャツや汚れたふきんなどは、手のひらくらいの大きさに切っておきます。ひどい汚れの器は、このはぎれで先に汚れを拭いてから洗うと、水や洗剤をたくさん使わずにきれいに洗うことができ、環境にもやさしいでしょう。汚れを拭いたはぎれは捨てます。

POINT
テーブルやキッチンは、ふきんできれいに拭いておきましょう。最後まで気持ちよく片づけすることが、料理じょうずへの一歩です。

料理上達への道

この本は、みなさんが作りやすいようにレシピを考えていますが、はじめはなかなかじょうずに作れないかもしれません。でも、料理は何度も作るうちに、作る順番を覚えられたり、道具の使い方に慣れてきたりして、少しずつうまくなっていくものです。作ってみておいしいなと思ったレシピがあったら、ぜひ何度も作ってみてください。慣れてきたら、違う材料を加えるなどのアレンジも楽しんでみてくださいね！

監修：今井 亮
（かんしゅう　いまい　りょう）

京都府京丹後市の大自然に囲まれた地に生まれる。中華料理をはじめ、家庭料理を得意とする料理家。京都市内、東京の中華料理店で修行を積み、料理家などのアシスタントを経て独立。身近な食材に小技を効かせて、お店のような味を気兼ねなく作れるレシピは幅広い年代から支持を得る。料理雑誌、書籍、テレビ、料理教室など幅広く活動し、1女の父としても家事、育児に奮闘。著書に、『そそる！うち中華』（学研プラス）、『"炒めない"炒めもの』（主婦と生活社）、『簡単！おいしい味つけで蒸し中華』（文化出版局）、など。
Instagram: ryo.imai1931　X：@ryomaimai1931

■ STAFF

撮　　影　原田真理
スタイリング　小松由加
調理補助　コバヤシリサ、福田みなみ

ひとりで作（つく）れる　カンタン！　まんぷくレシピ
パン・デザート―トースト・サンドイッチ・パンケーキ・プリンなど

2025年4月1日発行　第1版第1刷Ⓒ

監　修　今井 亮（いまい りょう）
発行者　長谷川 翔
発行所　株式会社 保育社
　　　　〒532-0003
　　　　大阪市淀川区宮原3-4-30
　　　　ニッセイ新大阪ビル16F
　　　　TEL 06-6398-5151　FAX 06-6398-5157
　　　　https://www.hoikusha.co.jp/
企画制作　株式会社メディカ出版
　　　　　TEL 06-6398-5048（編集）
　　　　　https://www.medica.co.jp/
編集担当　二畠令子／中島亜衣
編集協力　渡辺有祐（フィグインク）／吉川愛歩
装幀・本文デザイン　関根千晴（スタジオダンク）
イラスト　めんたまんた
校　　閲　夢の本棚社
印刷・製本　株式会社精興社

本書の内容を無断で複製・複写・放送・データ配信などをすることは、著作権法上の例外をのぞき、著作権侵害になります。

ISBN978-4-586-08681-8　　　　Printed and bound in Japan

乱丁・落丁がありましたら、お取り替えいたします。